线装国学馆

三十六计

《线装国学馆》编委会 编

全四卷◎第一卷

线装国学馆

中国画报出版社
CHINA PICTORIAL PRESS

线装国学馆

三十六计

第一卷

线装国学馆

三十六计

三十六计

线装国学馆

图书在版编目（CIP）数据

三十六计 / 线装国学馆编委会编. -- 北京 : 中国画报出版社, 2020.5

（线装国学馆）

ISBN 978-7-5146-1772-6

Ⅰ. ①三… Ⅱ. ①线… Ⅲ. ①兵法-中国-古代

Ⅳ. ①E892.2

中国版本图书馆 CIP 数据核字(2019)第 168917 号

线装国学馆·三十六计

◎出版人	于九涛
◎编　著	线装国学馆编委会
◎责任编辑	郭翠青
◎出版发行	中国画报出版社
◎地　址	中国北京市海淀区车公庄西路三十三号
◎电　话	〇一〇-八八四一七三五九
◎印　刷	北京汇瑞嘉合文化发展有限公司
◎监　印	焦　洋
◎开　本	十六开(889mm×1194mm)
◎字　数	一百五十千字
◎印　张	四十
◎版　次	二〇二〇年五月第一版
◎印　次	二〇二〇年五月第一次印刷
◎书　号	ISBN 978-7-5146-1772-6
◎定　价	一百九十八元(全四卷)

目录

三十六计

三十六计

总说

总说

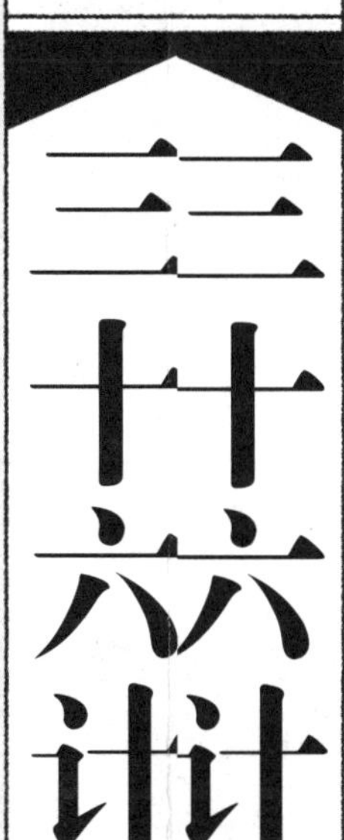

【原文】

六六三十六①，数中有术②，术中有数。阴阳燮理③，机在其中。机不可设，设则不中④。

【按语】

解语重数不重理⑤。盖理，术语自明；而数则在言外。若徒知术之为术，而不知术中有数，则术多不应⑥。且诡谋权术，原在事理之中、人情之内。倘事出不经⑦，则诡异立见，诧事惑俗，而机谋泄矣。

或曰：在三十六计中，每六计成为一套。第一套为胜战计，第二套为敌战计，第三套为攻战计，第四套为混战计，第五套为并战计，第六套为败战计。

【注释】

①六六三十六：三十六计的核心思想及文字表达与易经关系密切，部分计策的推演原理即来自易经中的『相生相克』『阴阳转化』等哲学辩证思维。在中国传统文化中，『九』是最大的数，代表『阳』；『六』代表『阴』，表示权谋、阴谋。六六三十六是『阴』的极限，指三十六计是权谋的最高境界。同时，它也是开宗明义，表明本书所总结的计策分六套，每套六计，共有三十六计。

②数中有术：客观规律中蕴含着计谋。数，易数，指客观规律。术，计谋。

③燮理：调和治理。燮，调

和。

④中：成功。

⑤理：义理，指计谋的意思和道理。

⑥术多不应：计谋在很多方面（与实际变化）不相应。应，相应、通顺。

⑦经：常理，自然变化的规律。

【原文译文】

六个六构成三十六，客观规律中包含计谋，计谋中包括客观规律。阴和阳交替变化，运作中生化出天然机变。机变是天然的，不可人为设计，人为设计不能成功。

【按语译文】

解语注重的是客观规律，不注重计谋的意思和道理。意思和道理，在计谋的名称中自然明白了；而客观规律则在文字表述之外。如果只知道计谋仅仅是计谋，却不知道计谋中的客观规律，那么计谋在很多方面就会与实际变化不相应。况且奇异的计谋和应变的手段本来就在事情变化之理、人性变化之理中。如果行事不符合自然变化的规律，那么诡诈怪异之处就会立刻显现，令人惊诧和疑惑，机密的计谋就暴露了。

可以这么说：在三十六计中，每六条计策为一套。第一套是胜战计，第二套是敌战计，第三套是攻战计，第四套是混战计，第五套是并战计，第六套是败战计。

线装国学馆

三十六计

三十六计

第一套　胜战计

〇〇七

三十六计

第一套　胜战计

〇〇八

胜战计

三十六计　第一套

第一计 瞒天过海①

【原文】

备周则意怠②，常见则不疑。阴③在阳④之内，不在阳之对⑤。太阳，太阴⑥。

【按语】

阴谋作为，不能于背时⑦秘处行之。夜半行窃，僻巷杀人，愚俗之行，非谋士之所为也。如开皇九年⑧，大举伐陈⑨。先是弼⑩请缘江防人⑪，每交代⑫之际，必集历阳⑬，大列旗帜，营幕蔽野。陈人以为大兵至，悉发国中士马，既而知防人交代，其众复散。后以为常，不复设备，及若弼以大

军济江，陈人弗之觉也。因袭南徐州⑭，拔之。

【注释】

①瞒天过海：瞒住上天，偷渡大海。比喻用谎言和伪装向别人隐瞒自己的真实意图，在背地里偷偷地行动。

②意怠：意志懈怠。

③阴：隐瞒、机密。

④阳：光明正大、公开。

⑤对：对立面。

⑥太阳，太阴：非常公开的事物里，隐藏着非常机密的计谋。太，极大。

⑦背时：背着人的时候。

⑧开皇九年：589年。开皇，是隋文帝杨坚的年号（581—600）。

⑨陈：即陈朝（557—589），史称南陈或南朝陈，是南北朝时

期南朝的最后一个朝代。

⑩弼：即贺若弼（544—607），复姓贺若，字辅伯，洛阳人，隋朝著名将领。下文若弼亦指贺若弼。

⑪缘江防人：沿江布防的军队。

⑫交代：换防交接。

⑬历阳：即今安徽和县。

⑭南徐州：即今江苏镇江。

【原文译文】

防备周密，就会意志懈怠；习以为常，就会失去警惕。机密就隐藏在公开的事物之中，而不在公开事物的对立面。非常公开的事物里，往往隐藏着非常机密的计谋。

【按语译文】

施行秘密的计谋，不能在背着人的时候和隐秘的地方进行。半夜里偷东西，在偏僻的巷子里杀人，是愚蠢、粗俗的行为，不是有智谋的人所做的。例如，开皇九年（589），隋朝大举进攻陈朝。战前，隋朝的将领贺若弼命令沿江布防的军队，每次换防交接的时候，一定到历阳集中，在那时候旗帜林立，营帐遮蔽了田野。陈朝人以为隋朝的大军来了，就派出国内所有的军队，过后知道是隋军换防，陈朝的军队就解散了。后来多次这样，陈朝习以为常，不再提防戒备。等贺若弼指挥大军渡江时，陈朝人竟然没有察觉。隋军继续攻打南徐州，成功破城。

【历史故事】

张士贵献计过海

664年，唐太宗李世民亲自率领三十万大军征讨辽东。一天，唐军浩浩荡荡地到达辽河的岸边，李世民情不自禁地感叹：『辽河水距离长安有五千里啊！』言语中透露出后悔亲征的意思。

数日之后，唐军到达渤海岸边安营。李世民一会儿看看波涛汹涌、茫茫无际的海水，一会儿看看辽东，焦急地想：『这茫茫大海，如何才能渡过去呢？』过了一会儿，李世民将众将领叫到面前，询问过海的办法。众人面面相觑，没有一个敢说话。李世民问大将张士贵：『你有什么办法吗？』张士贵身经百战、建功无数，此时也毫无办法，只得硬着头皮说：『我再想想。』李世民叹了一口气，转身走了。

张士贵回到自己的营帐后，立即召集手下人商量过海的办法。有人建议询问他的手下将领薛仁贵，说薛仁贵一定有奇计。张士贵立即将薛仁贵请到营帐中，直截了当地说：『陛下询问过海的办法，没有人说话，就让我想。你有什么办法，能让三十万大军过海吗？』薛仁贵叉着手，不紧不慢地说：『将军不要着急，我有一计，保证让茫茫海水消失得无影无踪，每一个人都像在平地上走路一样，平安无事地过海。您觉得怎么样？』张士贵听罢，立即站起身，走到薛仁贵的面前，拉起他的手，说：『我带你去见陛下。』薛仁贵凑到张士贵的耳边，悄悄地说了几句，张士贵大喜，忍不住哈哈大笑。

过了两天，李世民又召集众将领，再次询问有没有过海的办

法。这时候，一名将领匆匆地走到李世民前面，说：『外面来了一个住在附近的财主，说有供三十万大军过海的粮食。』李世民很高兴，立即让他带自己去看粮食。

这个财主是薛仁贵扮成的，李世民并不知道。李世民和众将领跟着薛仁贵来到海边，只见海中有一个巨大的彩色帐篷连着陆地，十分壮观。薛仁贵将李世民和众将领请到帐篷里。里面非常华丽，地上铺的是华贵的地毯，四周挂着彩色的帐幔。这时，薛仁贵让人摆上酒席。李世民高兴地坐了下来，与众将领推杯换盏、说说笑笑。

突然，帐篷外面风声四起，波涛声如响雷一般震耳欲聋。桌子顿时摇晃起来，连酒杯都打翻了。众人的身体也摇动起来，竟难以坐稳。李世民大惊失色，忙令身边的大臣揭开帘幕看外面。只见汹涌的海水不停地翻滚着，一眼看不到边际。李世民焦急地问：『这是在哪里？』张士贵站起身说：『这就是我过海的办法。借着风势，三十万大军乘船过海。现在已经快到岸边了。』李世民四下看了看，自己果然在船上。

就这样，李世民和三十万大军安然地渡过了大海。

第二计 围魏救赵①

【原文】

共敌②不如分敌③，敌阳④不如敌阴⑤。

【按语】

治兵如治水。锐者避其锋，如导流；弱者塞其虚，如筑堰。故当齐救赵时，孙子⑥谓田忌⑦曰：『夫解杂乱纠纷者不控捲⑧，救斗者不搏撠⑨。批亢（gāng）捣虚⑩，形格势禁⑪，则自为解耳。』

【注释】

①围魏救赵：战国时，齐军用围攻魏国的办法，迫使魏国撤回进攻赵国的部队，从而使赵国得救。后指用包抄敌人后方的方法迫使敌人撤兵的战术。

②共敌：集中的敌人。

③分敌：分散的敌人。

④敌阳：正面的敌人。

⑤敌阴：薄弱的敌人。

⑥孙子：即孙膑，生卒年不详，是战国时期的军事家、孙武的后代。

⑦田忌：生卒年不详，战国时期齐国的名将。

⑧控捲：攥着拳头。捲，通『拳』。

⑨搏撠：打斗。撠，击打。

⑩批亢捣虚：打咽喉、攻空虚之处，比喻抓住敌人的要害乘虚而入。批，打。亢，咽喉。

⑪形格势禁：形势受到阻碍。格，阻碍、限制。

【原文译文】

攻打兵力集中的敌人，不如攻打兵力分散的敌人。从敌人的正面进攻，不如从敌人的薄弱之处进攻。

【按语译文】

带兵打仗就像治理洪水。敌人势头凶猛，就要避开他们的锋芒，如同疏导洪水使其分流。敌人弱小，就要攻击他们的虚弱之处以消灭他们，如同修筑堤坝。因此，当齐国派兵援救赵国时，孙膑对田忌说：『解开杂乱纠缠的丝线，不能攥着拳头；解救打斗的人，不能参与打斗。抓住要害乘虚而入，使敌人处于受阻的形势中，围困就自然而然地解除了。』

【历史故事】

孙膑退庞涓

公元前354年，赵国的国君赵成侯进攻魏国的盟国卫国，夺取了一大片土地。魏国的国君魏惠王得知后，想起以前归附自己的中山国被赵国强占，便派大将庞涓率五百辆战车进攻赵国。

庞涓率军长驱直入，第二年

便包围了赵国的都城邯郸。赵成侯十分惊慌，赶紧派使者向齐国求援，并答应在解围之后将中山国赠给齐国。齐国的国君齐威王与大臣们商量后，决定任命大将田忌为统帅、谋士孙膑为军师，率兵救赵。

当田忌、孙膑率军到达齐国、魏国的交界地时，魏军已经攻克邯郸，庞涓随即挥师进攻卫国。田忌打算直接与魏军交战，但被孙膑阻止。孙膑说：『魏国攻打赵国，精兵都在国外，国内只剩下一些老弱的士兵。将军不如迅速地向魏国的都城大梁进军，占据交通要道，攻击魏国的空虚之处。魏军一定会放弃赵国，回撤自救。』田忌大喜，认为孙膑说得非常有道理。接着，孙膑说：『将军应该首先佯攻魏国的平陵。平陵城池虽然小，但人口多、兵力强，是魏国的战略要地，很难被攻克。佯攻平陵容易迷惑庞涓，让他误以为齐军的主帅指挥无能。』田忌听罢，立即下令向平陵进军。

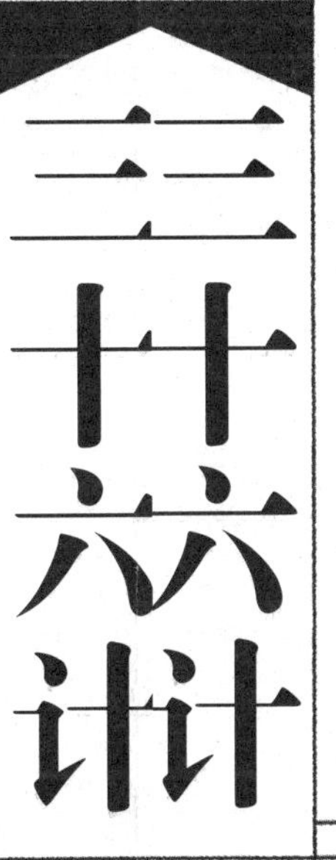

到达平陵附近时，孙膑建议调集其他地方的齐军攻城。田忌依言而行，但齐军被击溃。田忌有一些生气，对孙膑说：『我按照你说的做了，可是失败了。下一步该怎么办？』孙膑说：『将军不要着急，现在一面派轻装战车进军大梁，迫使庞涓回援；一面将队伍分散，让庞涓觉得我方力量单薄。然后，在庞涓回撤的途中设伏，就可以一举擒获他。』田忌听罢，怒气顿消，立即按照

孙膑说的下令。

果然，庞涓得知齐军进攻大梁，立即丢下辎重，昼夜不停地向大梁急行军。途中，庞涓派人探知齐军并没有多少人马，便放心地回撤。

当魏军到达桂陵时，早已埋伏起来的齐军主力突然杀出。魏军士兵因为长途跋涉，都疲惫不堪，根本无力抵抗，被齐军杀得溃不成军。庞涓夺路而逃，带着残兵败将退回大梁。赵国之围随之解除。

第三计 借刀杀人①

【原文】

敌已明，友未定，引友杀敌，不自出力，以损②推演。

【按语】

敌象已露，而另一势力更张③，将有所为，便应借此力以毁敌人。如郑桓公将袭郐，先向郐之豪杰、良臣、辨智④、果敢之士，尽与⑤姓名，择郐之良田赂之，为官爵之名而书之；因为设坛场⑥郭门⑦之处而埋之，衅⑧之以鸡豭⑨，若盟状。郐君以为内难也，而尽杀其良臣。桓公袭郐，遂取之。诸

葛亮之和吴拒魏，及关羽围樊、襄，曹欲徙都，懿及蒋济⑩说曹曰：『刘备、孙权外亲内疏，关羽得志，权必不愿也。可遣人蹑其后，许割江南以封权，则樊围自释。』曹从之，羽遂见擒。

【注释】

① 借刀杀人：比喻自己不出面，利用别人达到害人等不良的目的。

② 损：即易经·损，是易经中第四十一卦，说明了损与益两个对立方的关系。损，减损。

③ 更张：变化。

④ 辨智：明辨事理、有才智。

⑤ 与：同『举』，记录。

⑥ 坛场：古代设坛举行祭祀、继位、盟会、拜将等大典的场所。

⑦ 郭门：外城的门。

⑧ 衅：祭祀。

⑨ 豭：公猪。

⑩ 蒋济（188—249）：三国后期曹魏名臣，历仕曹操、曹丕、曹叡、曹芳四朝。

【原文译文】

敌人的情况已经明了，盟友的态度尚未确定。利用盟友消灭敌人，不用自己付出代价。这是从损卦推演出来的计策。

【按语译文】

敌人的迹象已经显露，而另一种势力正在变化，将会有所行动，就应该借用这种势力去消灭敌人。例如，春秋时期，郑桓公打算进攻郐国，先打听郐国有哪些豪杰、良臣、能言善辩之人和勇敢之士，全部记下名单，宣布

把郐国的良田分别给他们，并把封给他们的官爵写在文书上，然后在城门外设立坛场，把名单埋到地下，杀鸡杀猪祭祀，就像盟誓一样。郐国的国君以为这些良臣会勾结郑国，便将良臣全部杀死了。后来，郑桓公发动进攻，轻而易举地消灭了郐国。三国时期，诸葛亮采纳联合吴国抗击魏国的策略。到蜀将关羽围困魏国的樊城、襄阳的时候，曹操打算迁移都城。司马懿和蒋济劝曹操说：『刘备、孙权表面上是亲戚，实际上却很疏远。关羽得志，孙权的心里不乐意。可以派人劝说孙权攻击关羽的后方，许诺把江南分封给孙权，樊城之围自然就能解除。』曹操听从了他们的建议。关羽兵败，被吴国擒获。

【历史故事】

冯异诱朱鲔杀李轶

24年，羽翼丰满的刘秀与玄汉王朝决裂，率兵向长安进军。刘玄派大将朱鲔、李轶等率三十万大军镇守洛阳，以阻挡刘秀西进。

随着形势对刘秀越来越有利，本打算死守洛阳的李轶动摇起来，开始为自己寻找退路。

这时候，刘秀手下的大将冯异给李轶写了一封劝降信。信中说：『现在，形势已经很明朗。在长安的大臣们各怀去意，朝纲法纪已经败坏。如果刘玄值得扶助，你怎么会独居一隅呢？刘秀麾下英雄云集，百姓追随。此时就是你确定未来大计的关键时候！如果等到兵临城下，你即使悔恨，也来不及了。』

李铁看完信后，心里十分矛盾。他虽然看出刘玄的气数已尽，有意脱身，但因为曾参与杀害刘秀的哥哥，担心刘秀不会放过自己，所以不敢投降。过了两天，李铁给冯异写了一封回信，说：『现在我镇守洛阳，你镇守孟津，两地都是中原的要地，地位举足轻重，这是我们千载难逢的联手机会！只要我们同心同德，周密地计划，就能心想事成。请把我的意思转达给刘秀，我愿尽微薄之力佐国安民。』

冯异收到信后，一方面给李铁回信表示安慰，一方面派兵攻打洛阳周围的地方，试探李铁是否真的想投降。李铁果然不与冯异交战，而且对各地的求援文书，一律置之不理。冯异见李铁言行一致，确实想投降，便派人向刘秀禀报了这件事。

在刘秀的心目中，李铁是一

个反复无常的人，而且曾参与谋害自己的哥哥，所以并不打算接纳李铁投降。在给冯异的回信中，刘秀说：『李铁为人奸诈，一般人很难看出他真正的心思。应该把他的信公开，让各地的官员对李铁提高警惕。』

冯异不敢抗命，只得将李铁的信制成公文，并对各地的官员说：『这是李铁的来信。他表面上愿意投降，实际上却居心叵测，请大家小心！』

公文一发出，李铁欲投降刘秀成了公开的秘密。朱鲔得知后，勃然大怒，立即派人杀了李铁。

第四计　以逸待劳①

【原文】

困敌之势②，不以战。损刚益柔③。

【按语】

此即致④敌之法也。兵书⑤云：『凡先处战地而待敌者佚，后处战地而趋战者劳。故善战者，致人而不致于人。』兵书论敌，此为论势，则其旨非择地以待敌；而在以简驭繁，以不变应变，以小变应大变，以不动应动，以小动应大动，以枢应环⑥也。如管仲寓军令于内政，实而备之⑦；孙膑于马陵道伏击庞涓⑧；李牧守雁门，久而不战，而实备之，战而大破匈奴⑨。

【注释】

①以逸待劳：指作战时不率先出击，而是养精蓄锐，等敌人疲劳之后再行动。

②困敌之势：迫使敌人处于困顿的境地。

③损刚益柔：使刚强的敌人由强变弱，使柔弱的自己由被动变主动。

④致：招引，指调动。

⑤兵书：指孙子兵法。所引文字出自虚实篇。

⑥以枢应环：用关键应对全局。枢，中心。环，四周。

⑦事见史记·管晏列传。

⑧事见史记·孙子吴起列传。

⑨事见史记·廉颇蔺相如列传。

【原文译文】

迫使敌人处于困顿的境地，不一定要交战。采取『损刚益柔』的办法，使刚强的敌人由强变弱，使柔弱的自己由被动变主动。

【按语译文】

这是调动敌人的办法。孙子兵法上说：『凡是先到达战地而等待敌人的，就能养精蓄锐，占据主动；后到达战地而仓促应战的，就会疲惫不堪，陷入被动。因此，善于作战的人，调动敌人而不被敌人调动。』孙子兵法讨论应对敌人，这一段是讨论形势。它的主旨不是选择一个地方等待敌人，而是在于用简单的方法驾驭复杂的形势，以不变应万变，以有限的改变应对巨大的变化，以不行动应对行动，以小的行动来应对大的行动，以关键应对全局。例如，战国时期，管仲在处理齐国的内政时，实行军事化的管理，这是平时就进行充分的准备；孙膑用边行军边减灶的计谋，在马陵道设下埋伏，使庞涓兵败自杀；赵国将领李牧在镇守雁门的时候，一直不与匈奴交战，实际上是在备战，出击后就大破匈奴。

【历史故事】

李牧久而不战破匈奴

李牧是战国末期赵国的名将，智勇双全，在士兵和百姓中威望很高。为了抵御匈奴南侵，赵王派李牧长期驻守雁门。

李牧管理军队的方式与众不同，不仅根据需要设置官吏，还将在雁门地区收取的租税，用于士兵的开销。他对待将士十分优厚，每天都让人宰杀数头牛款待他们。除了训练士兵骑马、射箭，小心地看守烽火台，他还派了很多间谍到匈奴人的居住地打探情况。

有一次，李牧当众宣布：『如果匈奴人入侵，要赶快退入营垒固守。谁要擅自和匈奴人交战，一律斩首。』将士们十分不解，以为李牧害怕匈奴人。只要匈奴人

侵扰边境，李牧就立即下令燃放烽火发出警报，将士们不敢交战，都依令退入营垒。

就这样过了几年，赵国边境地区的人马、财物没有什么损失。但是，将士们私下里纷纷说：『我们原以为李将军英勇善战，没想到他胆子这么小，真是看走眼了。』赵王听说后，派人责怪李牧，但李牧依然我行我素。赵王非常生气，下令免去了李牧的官职，派其他人镇守雁门。

匈奴人得知李牧被免职，屡屡派兵进攻雁门。守将一改李牧坚壁固守的策略，立即出兵交战，可是每一次都遭遇失败，死伤众多。这引来匈奴人更加频繁的侵扰，雁门一带的百姓根本无法耕田、放牧。

赵王十分着急，只得请李牧再次驻守雁门。当宣布任命的官员到李牧的家门口时，李牧借口

有病，连门都不开。赵王派官员去了几次，李牧依然如故。无奈之下，赵王亲自去见李牧。李牧说：『我还会像以前一样，只要您不介意，我才敢赴任。』赵王没有别的办法，只得同意。

李牧回到雁门之后，立即恢复了原来的做法。一连几年，匈奴人毫无所获。除了嘲笑李牧胆小，也无计可施。赵军的将士知道李牧不会改变做法，每次看到匈奴人，都摩拳擦掌，想自己上阵厮杀。李牧将这一切看在眼里，心里暗暗地高兴。

接着，李牧精选了一千三百辆战车、一万三千匹战马以及五

万勇士、十万擅长射箭的人，每天组织他们训练。与此同时，李牧还让百姓赶着大批牲畜，满山遍野地放牧。匈奴人发现后欣喜若狂，立即派人抢掠。李牧下令丢下一些人和牲畜，让匈奴人误以为得逞。

匈奴的单于以为攻击的机会来了，便率大批骑兵向雁门进军。李牧立即调遣精兵从左右两翼设伏，将匈奴人包围起来。单于惊慌失措，丢下十几万人马，落荒而逃。

接着，李牧又率兵消灭了雁门一带的几个少数民族部落。匈奴的单于胆怯，率人马逃到离雁门很远的地方，十几年不敢南下。

第五计 趁火打劫①

【原文】

敌之害②大，就势取利，刚夬柔③也。

【按语】

敌害在内，则劫其地；敌害在外，则劫其民；内外交害，败劫其国。如越王乘吴国内蟹稻不遗种④而谋攻之。后卒乘吴北会诸侯于黄池之际⑤，国内空虚，因而祷⑥之，大获全胜。

【注释】

①趁火打劫：指利用别人家失火时的混乱抢劫，比喻乘人之危，从中谋利。

②害：困难，不利的处境。

③刚夬柔：（这是）刚强者制服柔弱敌人（的计策）。夬，卦名，见易经·夬，意为冲决、去掉。

④蟹稻不遗种：螃蟹和稻谷没留下种子。公元前482年，吴国发生大旱，造成粮食短缺。

⑤吴北会诸侯于黄池之际：公元前482年，吴王夫差北上，与众诸侯在黄池会盟，试图称霸。黄池，即今安徽当涂黄池镇。

⑥祷：通『捣』，打击。

【原文译文】

当敌人的处境非常不利的时候，就要乘机出兵，夺取胜利，

这是刚强者制服柔弱敌人的计策。

【按语译文】

敌人国内的处境不利，就攻占他的土地；敌人在国外的处境不利，就争夺他的百姓；敌人国内、国外的处境都不利，就击败他，占领他的国家。例如，越王趁吴国国内遭受严重自然灾害的时候，谋划攻打吴国。后来趁吴王北上黄池和诸侯会盟、国内空虚的时候，乘机出兵攻击，最终大获全胜。

【历史故事】

吕布放过刘备反被杀

193年，徐州牧陶谦派人杀了曹操的父亲曹嵩。曹操为报杀父之仇，立即挥师攻打徐州，后因粮食吃完而退兵。第二年，曹操再度率军攻打徐州。刘备率军救援，旋即被击溃。正在这时，曹操的老巢兖州发生叛乱。四处奔波的吕布乘虚而入，占领了兖州。曹操迫不得已，只得回军平叛。吕布不堪一击，撤出兖州。

195年，陶谦病重，对手下人说：『现在除了刘备，没有人能使徐州安定。』陶谦死后，刘备接管了徐州。

曹操听说陶谦已死，就打算夺取徐州，然后再消灭吕布。他的谋士荀彧极力劝阻说：『兖州是将军的基业，只有巩固后才能

夺取天下。如果舍弃消灭吕布而攻打徐州，吕布会乘机卷土重来，兖州又将失去。如果不能攻克徐州，将军到哪里安身呢？现在正是麦子成熟的季节，应该组织将士收割，储备粮食，就可以一举打垮吕布。』曹操权衡再三，接受了荀彧的意见，下令收割麦子。

不久，曹操彻底平定了兖州的叛乱。吕布没有立足之地，只得逃到徐州，投奔了刘备。刘备接纳了吕布，让他驻扎在徐州附近的小沛。

196年，盘踞在扬州的袁术试图夺取天下，便率兵北上攻打徐州。刘备闻讯后，留张飞镇守徐州，亲自率兵出击，将袁术阻止在盱眙、淮阴一带。双方交战了数次，互有胜败。

张飞虽然是一名勇将，但脾气暴躁，而且喜好喝酒。刘备在出征前，再三叮嘱张飞要谨慎守

城，不能喝酒误事。张飞满口答应，但刘备一离开，便大摆宴席，召集众官员陪自己喝酒。在座的人中有一个叫曹豹的将领。他是吕布的岳父，原本在陶谦的手下领兵。陶谦死后，他便归附了刘备。

当天，张飞十分兴奋，举着大碗给每个人敬酒。轮到曹豹时，张飞接连喝了三碗，但曹豹只是象征性地喝了一杯。无论张飞怎么劝说，曹豹坚持不喝。张飞勃然大怒，破口大骂，下令打了曹豹五十皮鞭。

曹豹不敢反抗，但心里极其仇恨张飞。宴席结束后，曹豹回到家中，立即写信给吕布，要与他里应外合占领徐州，杀张飞报仇。但是，这件事走漏了风声。张飞得知后，立即带人冲进曹豹的家中杀了他。当时，徐州城中有很多官员和士兵，他们原来都

是陶谦的部下，听说曹豹被杀，纷纷乘机作乱。一时间，徐州城中混乱不堪。

袁术久战刘备不胜，就给吕布写了一封信，以送给他二十万斛大米为条件，请他出兵袭击徐州。吕布禁不住诱惑，带着军队向徐州进发。

吕布在离徐州四十里的地方，遇到了前来找他的陶谦的一名旧将。这名将领说了张飞杀曹豹、徐州城中大乱的经过，并告诉吕布说陶谦的旧部都在等待他进城。吕布大喜，立即连夜进军，天亮时赶到徐州城外。城头上陶谦的旧部发现吕布，立即打开城门，放他进了城。张飞在睡梦中被部下叫醒，得知吕布率军进了徐州，慌忙起床，集合人马迎击。这时候，吕布命令士兵到处放火，徐州城内浓烟滚滚，张飞看不清方向，被杀得大败，连刘备的家眷也顾不上，就狼狈地从东门逃走了。

刘备得知吕布占领了徐州，立即回师，但被吕布击败。接着，刘备继续与袁术交战，又吃了败仗，退至海西。过了一段时间，粮食耗尽，内外交困。刘备走投无路，向吕布求和。吕布没有拒绝，让刘备驻扎在小沛，并把家眷都还给了他。

过了几年，刘备联合曹操攻打吕布。吕布兵败，投降了曹操。在刘备的极力劝说下，曹操杀了吕布。

第六计 声东击西①

【原文】

敌志乱萃②，不虞③。坤下兑上④之象，利其不自主而取之。

【按语】

西汉，七国反，周亚夫坚壁不战⑤。吴兵奔壁之东南陬⑥，亚夫便备西北；已而，吴王精兵果攻西北，遂不得入。此敌志不乱，能自主也。汉末，朱儁围黄巾于宛⑦，张围结垒，起土山以临城内，鸣鼓攻其西南，黄巾悉众赴之，儁自将精兵五千，掩其东北，遂乘虚而入。此敌志乱萃，不虞也。

然则声东击西之策，须视敌志乱否为定。乱，则胜；不乱，将自取败亡。险策也。

【注释】

①声东击西：表面上声称要攻打东面，实际上却攻打西面。

②乱萃：纷乱，忧虑。易经·萃：『有争不终，乃乱乃萃，若号。』

③虞：猜测，预料。

④坤下兑上：易经卦名，指

洪水横流，祸乱丛生。兑，泽。

坤，地。

⑤七国反，周亚夫坚壁不战：公元前154年，吴王刘濞联合楚王刘戊、赵王刘遂、济南王刘辟光、淄川王刘贤、胶西王刘印、胶东王刘雄渠，以『清君侧』的名义发动叛乱。周亚夫采取坚

壁不战的策略，在三个月内平定叛乱。周亚夫（前199—前143），丰县（今江苏丰县）人，西汉时期的军事家、丞相，军事才华卓越，后含冤自尽。

⑥陬：角落。

⑦朱儁围黄巾于宛：184年，黄巾起义爆发。朱儁以寡敌众，在宛城击溃黄巾军。朱儁（？—195），字公伟，上虞（今浙江绍兴上虞区）人，东汉末年名将。宛城，即今河南南阳。

【原文译文】

敌人时的意志混乱、忧虑，情况不可预测，这是萃卦所显示的洪水横流、祸乱丛生的混乱情景，要利用敌人失去控制力的机会消灭他们。

【按语译文】

西汉时期，七个诸侯国叛乱，汉将周亚夫坚守城池不出战。吴国的军队赶到城池的东南角，周亚夫下令在城池的西北角加强防守。不久，吴王的精锐部队果然进攻城池的西北角，没有攻克。这是面对敌人时意志不混乱，能够自我控制。东汉末年，汉将朱儁将黄巾军包围在宛城。他下令建立重重包围圈，筑造堡垒，堆起高高的土山以俯视城内，随后下令擂响战鼓攻打城池的西南面，黄巾军悉数涌向西南面。朱儁自己率五千精兵，从东北面偷袭，趁着城内防御薄弱而攻进城中。这是敌人意志混乱，情况不可预测。

然而，声东击西的计策，要看敌人的意志是不是混乱才能确定。如果混乱，就能胜利；如果

不混乱，就可能自取灭亡。这是一个有风险的计策。

【历史故事】

韩信用木罂奇袭魏豹

秦朝末年，一个叫魏豹的魏国贵族趁乱起兵，被项羽封为西魏王。当刘邦率军讨伐项羽时，魏豹主动归附。高祖二年（前205）三月，刘邦在彭城被项羽击败，损失十几万人马。六月，魏豹以亲戚有病需要探视为借口离开刘邦，回到自己的都城平阳，随后投靠了项羽。

魏豹占据的地盘向西可以威胁关中，向南可以截断汉军的粮道，对于刘邦而言，非常重要。为了争取魏豹重新归附，刘邦派谋士郦食其前去游说，不料魏豹断然拒绝。

刘邦见劝说魏豹无效，便派韩信与大将灌婴、曹参率兵讨伐。刘邦问郦食其：『魏豹手下的大将是谁？』郦食其说：『柏直。』刘邦说：『乳臭未干的毛头小子，怎么能抵挡韩信！』又问：『魏豹手下骑兵的将领是谁？』郦食其说：『冯敬。』刘邦说：『他是秦将冯无择之子，虽然贤能，但不能抵挡灌婴。』又问：『魏豹手下的步兵将领是谁？』郦食其说：『项佗。』刘邦说：『他不能抵挡曹参。我不担心了！』

出发前，韩信问郦食其：

『魏豹没有任用周叔为大将吧？』郦食其说：『用的是柏直。』柏直没有智谋，韩信听到他的名字，便放下心，高兴地出发了。

魏豹闻讯后，调集重兵到蒲坂，封锁了黄河的渡口临晋。

八月，韩信率军到达黄河岸边。经过侦查，韩信得知魏军云集临晋，上游夏阳则没有多少人马防守，便决定在夏阳渡河。随后，韩信一边下令在临晋的对岸集合了很多船只，一边命令灌婴、曹参组织士兵伐木、买罂。两人不明所以，韩信说：『把罂的口封住，口朝下、底朝上，排成长方形，再用木头夹住，制成木罂。用它就可以渡河。』两人这才恍然大悟，立即依令而行。

过了数天，木罂制造完毕。韩信命令灌婴带着一万人马在临晋的对岸排开阵势，装作渡河的样子。柏直立即出兵，严阵以待。

然而，魏军并没有迎来汉军渡河。正在柏直困惑不已的时候，韩信利用木罂，率主力已从夏阳渡河，直奔安邑。因为事发突然，韩信没怎么费劲就破城而入。

接到安邑失守的情报，魏豹大惊失色，慌忙带着人马迎击韩信。汉军奇袭得手，士气高涨。魏军抵挡不住，只得后退。这时，灌婴趁临晋空虚，率军渡过了黄河。

九月，韩信俘虏了魏豹，平定了魏国。

线装国学馆

三十六计

三十六计

第二套 敌战计

三十六计

第二套 敌战计

〇五五

〇五六

敌战计

三十六计 第二套

第七计 无中生有①

【原文】

诳也，非诳也，实其所诳也②。

少阴、太阴、太阳③。

【按语】

无而示有，诳也。诳不可久而易觉，故无不可以终无。无中生有，则由诳而真，由虚而实矣，无不可以败敌，生有则败敌矣。如令狐潮围雍丘④，张巡⑤缚藁⑥为人千余，披黑衣，夜缒⑦城下；潮兵争射之，得箭数十万。其后复夜缒人，潮兵笑，不设备，乃以死士五百斫潮营，焚垒幕，追奔十余里。

【注释】

①无中生有：从没有中生发有，形容发挥主动创造性。

②实其所诳也：把欺骗的假象当成真相。实，真实、真相，此处用作意动词，即以其所诳为实。

③少阴、太阴、太阳：小的假象、大的假象、真相，指用大大小小的假象掩盖真相。

④令狐潮围雍丘：755年，安史之乱爆发，雍丘县县令令狐潮投降安禄山。第二年三月，令狐潮率军包围了雍丘。

⑤张巡（708—757）：河东（今山西永济）人，唐朝中期名臣。

⑥藁：多年生草本植物。

⑦缒：用绳子拴住人或东西

从上往下送。

【原文译文】

欺骗，并非为了欺骗，而是使人把欺骗的假象作为真相。用大大小小的假象掩盖真相，从而达到目的。

【按语译文】

没有，却让敌人看到有，这是欺骗。但是，欺骗不能长久，时间一长，就容易被发现，因此，『没有』不能始终没有。从没有中生发有，是由欺骗到真相，由虚假到真实。没有不能用来打败敌人，从中生发有才能打败敌人。例如，安史之乱时，令狐潮投降安禄山，率叛军围攻雍丘，唐将张巡下令用藁草扎了一千多个假人，并给他们穿上黑色的衣服，在夜里放到城下。令狐潮的士兵争先恐后地射箭，张巡因此得到数十万支箭。后来，张巡再次下令在夜里将人放到城下，令狐潮的士兵纷纷大笑，不加防备。这些人是张巡挑选的死士，有五百人。他们冲进令狐潮的营寨中拼命厮杀，烧毁堡垒、营帐。令狐潮大败而逃，他们追了十几里才停止。

【历史故事】

楚怀王一意孤行尝苦果

战国时期，诸侯国群立，战争连连。其中，秦国的兵力最强，楚国的地盘最大，齐国的地势最好。

公元前313年，秦国的国君秦惠王计划攻打齐国。当时，齐国、楚国结盟，秦惠王担心攻齐

会引来楚国出兵，所以一直犹豫不决。考虑了一段时间后，秦惠王派谋略家张仪到楚国，游说楚国的国君楚怀王不要帮助齐国。

张仪见到楚怀王，就直截了当地说：『大王如果能听我的建议，撕毁与齐国的盟约，秦国愿意把方圆六百里的商於之地献给楚国，秦惠王还愿意将女儿嫁给大王，使秦国、楚国像兄弟一样。』楚怀王听说有利可图，十分高兴，立即大笑起来，马上就同意了。

楚国的文武大臣听说这件事，纷纷向楚怀王祝贺，只有谋士陈轸一个人反对。楚怀王非常生气，厉声地说：『我不用出兵就可以得到方圆六百里的土地，你为什么反对？』陈轸大声地说：『不对。我认为，不仅商於之地得不到，而且齐国、秦国会联合。一旦这样，楚国就会遭殃！』楚怀

王吃了一惊，忙问：『为什么这么说？』陈轸说：『秦国之所以重视楚国，是因为有齐国。如果现在撕毁与齐国的盟约，楚国就会孤立。秦惠王是一个贪婪之徒，怎么可能会白白地交出商於之地？张仪回到秦国，一定会辜负大王。紧接着，秦国、齐国的军队就会攻打楚国。我认为，应该表面上与齐国绝交，暗地里仍然结盟，并派人跟张仪回去。等秦国给楚国土地之后，再与齐国绝交也不迟。』楚怀王越听越生气，大声地呵斥：『闭嘴！等我得到土地的时候，看你还能说什么！』

随后，楚怀王将国相的印信交给张仪，撕毁与齐国的盟约，并派大将逢侯丑跟着张仪回到秦国。

一行人乘着车到秦国的国都附近时，张仪突然掉下车，满地翻滚。此后三个月，张仪一直在

家养伤，没有上朝。

楚怀王根本不知道张仪受伤是故意的，还以为自己与齐国绝交不彻底，便派一名勇士到齐国，大骂齐宣王。齐宣王勃然大怒，立即与秦国结盟。

张仪得知自己的计策已经成功，第二天就上朝，对逢侯丑说：『你为什么不接收土地呢？从这里到那里，方圆六里。』逢侯丑说：『你说的是送给楚国方圆六百里的商於之地！』张仪故作惊讶地说：『你们听错了吧！秦国的土地怎么能随便送人！』

逢侯丑大怒，将张仪的话禀报给了楚怀王。楚怀王气得暴跳如雷，立即下令进攻秦国。陈轸说：『我能说话了吗？进攻秦国不如用一座城池贿赂秦惠王，联合秦国攻打齐国。这样，我们得不到秦国的土地，就能用齐国的土地作为补偿。如果与齐国绝交，

三十六计

又攻打秦国，就会引来天下的兵马攻打楚国，楚国一定会有大麻烦！』楚怀王早已怒火中烧，根本听不进去，仍然坚持下令攻秦。

公元前 312 年，楚国的军队大败，楚怀王只得割让两座城池求和。

第八计 暗度陈仓①

【原文】

示之以动②，利其静而有主③，益动而巽④。

【按语】

奇出于正，无正则不能出奇。不明修栈道，则不能暗度陈仓。昔邓艾屯白水之北⑤，姜维⑥遣廖化⑦屯白水之南，而结营焉。艾谓诸将曰：『维令卒还，吾军少，法当来渡，而不作桥，此维使化持我，令不得还，必自东袭洮城⑧矣。』艾即夜潜军，径到洮城。维果来渡。而艾先至，据城，得以

不破。此则是姜维不善用暗度陈仓之计，而邓艾察知其声东击西之谋也。

【注释】

①暗度陈仓：是『明修栈道，暗度陈仓』的省略，指将真实的意图隐藏在表面的行动背后，用明显的行动迷惑对方，从而出奇制胜。比喻暗中进行活动。

②动：指军事行动。

③利其静而有主：利用敌人的决定而确定行动的计划。静，平静。主，主张。

④益动而巽：有利于行动，无往而不利。益，增益。巽，顺利、有利。益、巽均为易经卦名。易经·益·象传：『益动而巽，日进无疆。』

⑤邓艾屯白水之北：249年，蜀将姜维率军进攻雍州，被魏将

郭淮击败。随后，魏将邓艾驻守白水北岸，以防蜀军反攻。三天后，姜维果然率蜀军返回。邓艾（约197—264），本名邓范，棘阳（今河南新野）人，三国时期魏国杰出的军事家、将领。白水，即今甘肃白龙江，是嘉陵江支流。

⑥姜维（202—264）：冀县（今甘肃甘谷东南）人，三国时蜀国后期的重要将领。

⑦廖化（?—264），本名淳，中庐（今湖北襄阳）人，三国时蜀国后期的重要将领。

⑧洮城：即今甘肃临潭。

【原文译文】

故意将军事行动暴露给敌人，再利用敌人的决定而确定行动计划，出奇制胜。这有利于行动，无往而不利。

【按语译文】

『奇』出于『正』，没有『正』就不能实现『奇』。不能光明正大地修建栈道，就不能暗中从陈仓发动突然袭击。三国时期，蜀将姜维曾经攻打雍州，被魏将郭淮击败。随后，魏将邓艾驻守在白水的北岸。姜维派廖化赶到白水的南岸，安营驻守。邓艾对手下的众将领说：『姜维派军队返回，我方军队的数量少，按照常理他们应该渡河来战，但却没有架桥，这是姜维让廖化纠缠住我们，让我们无法返回。姜维一定向东行军，袭击洮城。』邓艾随即连夜悄悄地行军，直接赶到洮城。姜维果然在那里渡河。但是邓艾已经先到达，坚守住城池，姜维无法破城。这个案例说明姜维不善于用暗度陈仓的计策，而邓艾却能察觉他声东击西的策略。

【历史故事】

刘邦二度占关中

秦二世胡亥二年（208），楚怀王与项羽、刘邦等带兵的将领们约定：『谁先攻入关中，谁就称关中王。』秦二世胡亥三年十月，刘邦进入秦朝的都城咸阳，秦王子婴投降。此时，刘邦得意洋洋，以『关中王』自居。十二月，项羽率四十万大军进入关中。他没有遵守与楚怀王的约定，而是在第二年二月自立为西楚霸王，将刘邦封为汉王，给刘邦的领地是偏僻的巴蜀地区。刘邦非常生气，但迫于项羽的势力，只得忍气吞声地赶往领地。

四月，刘邦到达褒中。那里群山环绕、地势险峻，只有一条栈道通往巴蜀地区。谋士张良劝刘邦说：『大王为什么不将这一条栈道烧毁呢？』刘邦看着张良，满脸疑惑地问：『这是唯一的通道，烧毁之后怎么再出巴蜀呢？』张良说：『烧毁栈道，是向天下人表明不再回到关中的决心，从而消除项羽的疑心。』刘邦沉思良久，决定采纳张良的建议。在大军通过之后，刘邦下令烧毁了栈道。

刘邦到达巴蜀地区之后，采纳萧何的建议，重用韩信为大将军。一天，刘邦向韩信询问安邦定国的良策。韩信分析了项羽的优势和短处，建议刘邦废除秦国的严刑酷法，与百姓约法三章，并说：『根据当初的约定，大王理应在关中称王，关中的百姓都知道。可是项羽将大王赶到巴蜀，百姓无不怨恨项羽。如果现在大王起兵向东，只要下达号令，就能收复关中。』韩信的话说中了刘邦的心思，刘邦非常高兴，于是

对韩信言听计从，立即下令准备东进。

八月，刘邦命令大将樊哙、周勃带着一万多名老弱的士兵，修建之前被烧毁的栈道。因为进

展缓慢，项羽分封的秦地三王章邯、司马欣、董翳并没有在意。

与此同时，刘邦采纳部下赵衍的建议，派韩信率汉军的主力绕道故道到达陈仓。章邯措手不及，兵败退守废丘。高帝二年（前205）六月，废丘被攻克，章邯自刎而死。

接着，韩信击溃司马欣、董翳，刘邦重新占领了关中。

线装国学馆

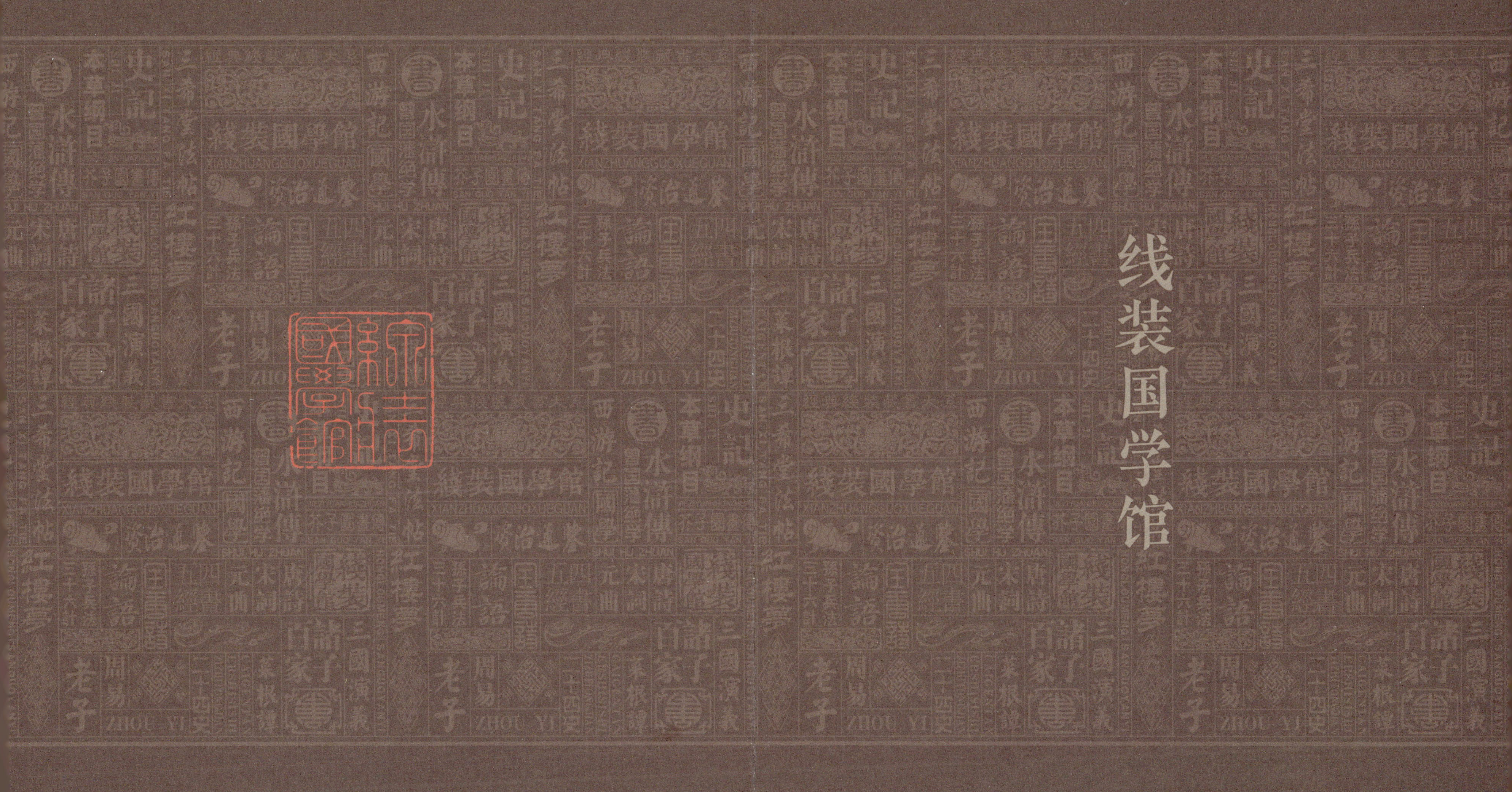